CHABERT,

Histoire contemporaine en deux actes,

Mêlée de Chant,

Par MM. Jacques ARAGO et Louis LURINE,

REPRÉSENTÉE, POUR LA PREMIÈRE FOIS,
SUR LE THÉATRE NATIONAL DU VAUDEVILLE,
LE 5 JUILLET 1832.

PRIX : 1 FR. 50 C.

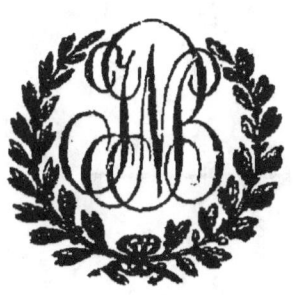

PARIS.

J.-N. BARBA, LIBRAIRE.

PALAIS ROYAL, GRANDE COUR,
DERRIÈRE LE THÉATRE FRANÇAIS.

1832

PERSONNAGES.	ACTEURS.
LE COMTE CHABERT.	M. VOLNYS.
DERVILLE, avoué.	M. FONTENAY.
LA COMTESSE FERRIÈRE.	Mme DOCHE.
LE COMTE FERRIÈRE.	M. ADRIEN.
M. BOUCARD, intendant.	M. ARMAND.
SIMONIN,	M. ÉMILE.
BRIQUET, clercs de Derville.	M. BALLARD.
LÉON,	M. BOILEAU.

La scène se passe, au premier acte, à Paris, chez M. Derville; au second, au château Groslai, chez M. Ferrière.

Les couplets marqués par une astérisque n'ont pas été chantés à Paris, les auteurs ont cru devoir les conserver.

IMPRIMERIE DE E. DUVERGER,
rue de Verneuil, n° 4.

CHABERT,

HISTOIRE CONTEMPORAINE EN DEUX ACTES.

ACTE I.

Le théâtre représente le cabinet de M. Derville; à droite et à gauche, bureaux, cartons et dossiers. Au fond est l'étude, dont on aperçoit une seule porte conduisant à l'extérieur.

SCENE PREMIERE.

SIMONIN, BRIQUET, LÉON, CLERCS. (*Ils font des armes avec leurs plumes.*)

LES CLERCS.
Un, deux! A toi!... touche...

SIMONIN.
Messieurs! messieurs!... moins de bruit, ou je me fâche.

BRIQUET.
Fâche-toi donc, ou nous crions plus fort.

SIMONIN, *à son bureau.*
Vous savez qu'en l'absence du patron et du maître clerc, c'est moi qui commande à l'étude.

BRIQUET.
Oui; et c'est nous qui n'obéissons pas.

SIMONIN.
Nous allons voir... Au nom de mon autorité, je vous ordonne de vous livrer sur-le-champ à vos travaux habituels.

BRIQUET *et* LÉON.
A la bonne heure! (*Ils s'asseyent.*)

BRIQUET, *écrivant.*
« Acte 5, scène 1re. Le prince seul, après avoir poignardé « son père, sa mère et ses trois sœurs »... Oh! cette scène en encre rouge... Je vous la lirai; après...

Chabert.

LÉON, *écrivant.*

« Je vous prie, mon bon oncle, de m'envoyer sans le moin-
« dre retard une cinquantaine d'écus, car notre patron est un
« vieux ladre chez lequel les mois ont l'air de durer quarante
« jours au moins... »

SIMONIN, *écrivant aussi.*

« Oui, belle marquise, je vous aime comme un écervelé, et
« si vous refusez de m'écouter, une balle de pistolet sera, ce
« soir, plus généreuse que vous... Simonin, clerc d'avoué,
« chez maître Derville. »

BRIQUET.

Cachons notre travail, messieurs, voici quelqu'un... (*Il va
à la croisée.*) Tiens, c'est encore le vieux carrick... Voilà un
gaillard qui arrange joliment une fable.

SIMONIN.

Oui ; maître Derville me disait hier que c'était un mystère en
chair et en os...

BRIQUET.

Il aurait pu ajouter, et en guenilles.

SIMONIN, *à la croisée.*

Laissez-le venir, je me charge de vous amuser un instant ;
mais, de grace, ne riez pas... Chut ! le voici.

SCENE II.

LES PRÉCÉDENS, CHABERT, *en vieux carrick, en vieux chapeau,
souliers éculés, sans col, cravate noire,* etc.

CHABERT, *après avoir ôté son chapeau.*

Messieurs, votre patron est-il visible ?

SIMONIN.

Qui demande monsieur ?

CHABERT.

Maître Derville... (*Simonin, avec son mouchoir, époussette les
souliers de Chabert.*) Que faites-vous ?... je vous en prie.

SIMONIN.

Les escaliers sont d'un négligé !... Monsieur est venu sans
doute en équipage ?...

CHABERT.

Non, monsieur.

SIMONIN.

Vous m'étonnez. (*Tous rient.*)

CHABERT, *à part.*

Je crois que ce blanc-bec-là veut s'amuser à mes dépens.
(*haut.*) Monsieur Derville est-il visible ?

SIMONIN.

Pardon, je suis un peu sourd.

CHABERT, *plus haut*.

Monsieur Derville!

SIMONIN.

Que lui veut monsieur?

CHABERT.

J'ai eu l'honneur de lui faire remettre un dossier, et je me présente ici pour la troisième fois sans pouvoir lui parler.

SIMONIN.

Au dossier?... (*Ils rient encore.*)

CHABERT, *à part*.

Pauvre vieux, comme on te traite!

SIMONIN.

Si c'est à maître Derville... il dort; vous pouvez revenir après minuit.

CHABERT.

Après minuit!

SIMONIN.

Oui, demandez à ces messieurs.

BRIQUET.

Certainement; et encore renvoie-t-il fort souvent jusqu'à deux heures du matin.

SIMONIN.

Quelques cliens, c'est vrai; mais monsieur!... Maître Derville connaît trop les convenances.

AIR: *Qu'il est flatteur d'épouser celle* (du Fandango).

  Semblable au hibou, notre maître
  Se réveille quand vient la nuit.
  Dès qu'au ciel le jour va paraître,
  Bientôt le sommeil le poursuit.
  Je vous le dis sans crainte aucune,
  En France il n'a pas son pareil;
  Car du soleil il fait sa lune
  Et de la lune son soleil.

CHABERT.

C'est dur; mais je vais attendre...

SIMONIN.

Libre à vous, monsieur, voilà un siége. (*Il l'époussette avant.*)

CHABERT.

Non, non... Je ferai mieux de sortir. (*Il met rudement son chapeau, les regarde tous en colère, et sort sans les saluer.*)

SCENE III.

LES PRÉCÉDENS, *excepté* CHABERT.

BRIQUET.
Ce gaillard-là vous a un regard à percer une conscience.

SIMONIN.
Je gage qu'il t'a fait peur?

BRIQUET.
Écoute donc! avez-vous vu comme il a le crâne fendu?

SIMONIN.
Quelle estafilade!

BRIQUET.
Ça prouve qu'il y était.

SIMONIN.
Et celui qui la lui a faite aussi.

LÉON.
Je suis sûr que c'est un vieux caporal qui vient réclamer son arriéré.

BRIQUET.
Non; c'est plutôt un cocher de fiacre; j'ai vu ce carrick-là sur les épaules d'un cocher.

SIMONIN.
Avez-vous vu aussi sa chaussure éculée?...

BRIQUET.
Et cette cravate...

Qui déguise si bien une chemise absente.

SIMONIN.
Décidément, c'est un mouchard, ou un marchand de briquets phosphoriques.

BRIQUET.
Bah!... ce n'est rien du tout.

SIMONIN.
Parbleu! je tiens à le savoir. (*à la croisée.*) Monsieur! monsieur! monsieur du carrick! par ici, par ici, je vous prie... Il revient; silence, et ne riez pas.

BRIQUET.
Que vas-tu faire?

SIMONIN.
Je vais lui demander s'il a été portier ou cocher de fiacre? Que diable! il doit le savoir mieux que nous, lui... paix, le voici.

SCENE IV.

LES MÊMES, CHABERT *entre plus vite.*

SIMONIN.

Pardon, monsieur, tout à l'heure nous avons agi trop légèrement avec vous...

CHABERT.

Vous êtes si jeunes que vous seriez excusables; mais je ne m'en suis pas aperçu.

SIMONIN.

Voulez-vous nous dire vos noms, prénoms, âge, qualités, etc., etc.

CHABERT, *avec dignité.*

Je suis un vieux soldat, dont le corps et la tête ont été labourés par les balles et le sabre ennemi. La moitié du temps je n'ai point de demeure. Je couche dans mon carrick, à la belle étoile. Quand je mange, c'est qu'on m'offre un morceau de pain; je bois de l'eau; je me réchauffe au feu du soleil ou au souvenir de mes batailles; je viens à Paris pour plaider; j'attends, et je me nomme Chabert. (*Il ôte son chapeau.*)

SIMONIN.

Chabert!... ce n'est pas le colonel mort à Eylau?

CHABERT.

Lui-même!

TOUS.

C'est drôle! c'est intéressant. (*Ils se rapprochent.*)

SIMONIN.

Vous nous faites un conte; car, en conscience, le colonel Chabert est mort, bien mort; sa femme est mariée au comte Ferrière, conseiller d'état, gentilhomme de la chambre... elle est la cliente de l'étude, une cliente assidue.

CHABERT.

Je sais tout cela.

BRIQUET.

Monsieur, votre roman nous intéresse, et si nos bons offices peuvent vous être agréables...

CHABERT.

Il me serait agréable de parler à monsieur Derville.

SIMONIN.

Tenez, par extraordinaire, je crois qu'il descend à l'étude avant minuit... le voici.

CHABERT, *à part.*

Mauvais petits cosaques!...

SCÈNE V.

LES MÊMES, DERVILLE.

DERVILLE.

Monsieur, je vous salue... Messieurs les clercs, passez, je vous prie, dans l'autre salle.

SIMONIN, *à part.*

C'est drôle; ce débris d'homme ne me fait plus rire.

DERVILLE.

Allez, allez.   (*Ils sortent.*)

SCÈNE VI.

DERVILLE, CHABERT.

DERVILLE.

Pardon, monsieur, de vous avoir fait attendre.

CHABERT.

Je vous vois et je suis satisfait; ces jeunes gens me faisaient craindre un nouveau sursis, en m'assurant que vous ne receviez personne avant minuit.

DERVILLE, *à part.*

Les mauvais sujets!... (*haut.*) Du reste, mes clercs disaient vrai et plaisantaient tout ensemble. J'ai besoin d'être seul quand il s'agit d'une affaire sérieuse, et la nuit me convient à merveille. On dirait que mon intelligence se déploie; il me vient alors d'excellentes idées, je vous jure. Qui êtes-vous?

CHABERT.

Je suis le colonel Chabert, celui-là même qui a été tué à Eylau. Mon dossier qu'on a dû vous remettre...

DERVILLE, *froidement.*

Ah! c'est vous; j'ai lu ce dossier immense et mystérieux, et je n'y ai rien trouvé qui parlât trop en votre faveur; dans une semblable affaire il faut les preuves des preuves... Je vous écoute, asseyez-vous... (*Ils s'asseyent.*) Mais, je vous en prie, soyez bref et concis. (*à part.*) Encore un intrigant, sans doute.

CHABERT, *assis.*

Monsieur, vous voyez devant vous, meurtri, défiguré, mutilé, un soldat de forte trempe et de cœur, un mari sans femme, un colonel sans épaulettes, un comte de l'empire sans titres, un homme sans nom, sans pain.

DERVILLE.

Après, de grace.

CHABERT.

Avez-vous lu les victoires et conquêtes des Français?... eh bien! on m'y enterre tout vif, quoi!... inexorable, sans pitié, comme les vieux chirurgiens de l'armée qui me léguèrent mourant, dans la boucherie d'Eylau, aux piétinemens des chevaux russes. Il en passa trois mille sur mon corps; excusez du peu. Ma mort fut constatée suivant la jurisprudence militaire, et plus tard, revenu à moi-même, au fond d'un hôpital de la Hongrie, avec mon crâne fendu comme vous voyez, mon omoplate brisée, et mes quasi-souvenirs de l'autre monde, lorsque je voulus prononcer mon nom, mon véritable et unique nom de Chabert, on me rit au nez, comme tout à l'heure les clercs de votre étude; et maintenant, monsieur, vous devinez toute mon histoire.

DERVILLE, *moins brusquement.*

Votre récit brouille mes idées; arrêtons-nous un peu.

CHABERT, *attendri.*

Ah! vous êtes la première personne qui ait voulu m'écouter avec patience; à Kreisslaw, j'ai constamment erré comme un vagabond, mendiant, traité de fou, d'imposteur, alors que je racontais naïvement mon aventure, et n'ayant pas un sou pour faire dresser les actes d'où dépendrait un jour le succès de mes prétentions; je vendis un vieux sabre d'honneur, noblement ébréché, je vous proteste, et fier de ma garantie, j'expédiai à Paris, Robert, un soldat à moi, un ami à moi, camarade des camps, homme à tout ce qui est grand et généreux, attaché à son colonel comme le porte-enseigne l'était à son aigle, et plus flatté encore de fumer dans ma pipe qu'il ne l'était de démonter un Prussien ou un cosaque.

* AIR : *Un page aimait la jeune Adèle.*

Ce vétéran criblé par la mitraille,
C'était Robert, Robert mon pauvre ami!
Fallait nous voir, au jour de la bataille,
De front tous deux harceler l'ennemi.
Combien de fois, au fort de la tempête,
Je protégeai sa naïve amitié!
Mais quand un fer venait frapper ma tête,
Le vieux soldat en voulait la moitié.
Mon vieux Robert en prenait la moitié.

Je lui ordonnai de partir en mendiant; il partit, il arriva à Paris, il vit ma femme, elle était à l'église, elle se remariait; il fend la foule, il s'approche d'elle, lui dit tout bas que j'existe, qu'elle va commettre un crime; elle ne crut pas, ou feignit de ne pas croire... Elle descendit de l'autel, le soldat se remit en route, me rejoignit et mourut épuisé, trois jours après, en me tendant la main, en souriant à mes larmes; je vous ai dit qu'il s'appelait Robert; si jamais on prononce ce nom-là devant vous, saluez.

(*Il porte sa main au front.*)

DERVILLE.

Allez encore, je vous écoute.

CHABERT, *se rapprochant.*

Quel bien vous me faites, monsieur! Un matin, à Stuttgard, enfermé, garrotté, presque convaincu, sous les lanières de la schlague, de l'impossibilité de ma propre existence, je devins taciturne, résigné, presque tranquille, et comme je consentis à ne plus être le colonel Chabert afin de sortir de prison et revoir la France, on me laissa en paix... oh! la France!... (*Il se lève.*) Revoir la France! respirer l'air natal! c'était du délire! c'était du fanatisme!

AIR: *Barcarolle de Panseron.*

Flétri par l'indigence,
M'eût-on fait général;
Donné pour récompense
Le rang de maréchal.
Devant cette puissance,
Fidèle à mon devoir,
Mon cœur plein d'espérance
Me disait chaque soir:
Ma patrie est la France,
Et je veux la revoir.

DEUXIÈME COUPLET.

On m'a dit: Patience!
Dans nos camps ennemis,
Vieux soldat de la France
Nous serons tes amis.
Devant cette espérance,
Fidèle à mon devoir,
Brisé par la souffrance,
Je disais chaque soir:
Mon Adèle est en France,
Et je veux la revoir.

DERVILLE, *à part.*

Cette voix me remue... (*haut.*) Eh bien! monsieur, cette femme, cette Adèle...

CHABERT.

Je l'ai vue, je l'ai vue à travers les stores d'une brillante voiture, et je n'ai pas été reçu quand je me suis présenté sous un nom d'emprunt; peut-être avais-je été deviné! Plus tard je fus consigné à sa porte lorsque je voulus arriver à elle sous mon nom véritable.

DERVILLE, *froidement.*

Ceci devient sérieux... Savez-vous, monsieur, que je suis l'avoué de madame la comtesse Ferrière, veuve?

CHABERT.

Veuve!...

DERVILLE.

Oui, monsieur, veuve du colonel Chabert? Savez-vous que je l'attends ici avant une heure?

CHABERT, *s'asseyant vite.*

Ma femme! Ah! monsieur, vous me permettrez de l'attendre.

DERVILLE.

Et pourquoi?

CHABERT.

Pourquoi!... c'est que je l'aime, c'est que j'ai soif de sa vue, c'est qu'il me la faut, monsieur; quand j'ai tenu ce langage à d'autres hommes, à d'autres gens de loi, ils ne m'ont pas compris, ils m'ont traité de fou, ils ont ri; vous ne riez pas, vous... cette exception vous honore.

AIR : *Aux temps heureux de la chevalerie.*

Ces êtres-là dansent au bénéfice
Des malheureux qui demandent du pain.
Pour eux, monsieur, l'indigence est un vice;
Et c'est faillir que de râler la faim.
Hommes sans cœur, un plaisir les enivre :
Puis au besoin ils viendraient vous offrir
Mille conseils pour vous apprendre à vivre,
Pas un écu s'ils vous voyaient mourir.

DERVILLE, *toujours froid.*

Écoutez-moi bien, monsieur; nous avons des lois en France contre l'usurpation d'un titre ou l'impudence d'un attentat; cela serait infâme, vous y avez songé?

CHABERT, *avec fermeté.*

Oui, monsieur, oui, j'y ai songé.

DERVILLE.

La loi est précise, voici le code.

CHABERT, *avec transport.*

Le code Napoléon! depuis la bataille d'Eylau je n'ai pas revu mon maître, laissez-moi embrasser son ouvrage.

(*Il le baise.*)

DERVILLE, *à part.*

Cet homme est de bonne foi... (*haut.*) Daignez poursuivre maintenant.

CHABERT.

Daignez!... Ah! monsieur, voilà le premier mot de bienveillance qui depuis six mois frappe mon oreille et mon cœur... Croiriez-vous, monsieur, qu'armé de tant de droits, personne au monde n'a voulu encore m'avancer dix misérables, dix coquins de jetons d'or, pour entamer le procès?

DERVILLE.

Quel procès?...

CHABERT, *rapidement.*

Vous ne m'avez donc pas compris? madame la comtesse Ferrière est ma femme; elle vit dans un château à moi, un château donné à moi par mon empereur, gagné avec mon sang; un château qu'il me faut parce que je veux y mourir. (*demi à part.*) Et quand je dis cela à des avoués, à des avocats, à des hommes de sens; quand je parle de plaider, de flétrir une action inique, de reconquérir ma dignité compromise, ils éclatent de rire ou refusent de me comprendre... Je me suis vu enterré sous des morts, et voilà qu'on m'enterre sous des vivans, sous des actes, sous des faits, sous la société tout entière... Oh! la vie m'est insupportable.

DERVILLE.

Vous avez dit; écoutez-moi maintenant à votre tour... Quelques mots et j'ai fini... Ce qui me paraît d'abord le plus pressé, c'est de vous tirer de l'état précaire où vous vous trouvez... Prenez ceci, un peu d'or... Oh! ne refusez pas, ou je croirais à un sot orgueil... Allons, prenez, je le veux... c'est si peu de chose!... (*Il lui donne quelques pièces d'or.*)

CHABERT.

Peu de chose! peu de chose!

DERVILLE.

L'affaire est grave, trop grave, hélas! Mais, en admettant l'authenticité complète de nos pièces, elle traînera en longueur, et peut-être ne triompherons-nous pas aisément... S'il fallait transiger?

CHABERT.

Transiger!... Oh! monsieur, ce serait une infamie qu'une pareille transaction.

DERVILLE, *d'un ton décidé.*

Vous suivrez mes conseils, colonel, ou je ne me mêle plus de cette affaire; vous les suivrez, car votre cause sera ma propre cause... Vous aurez à me fournir quittance des légères sommes que je vous avancerai... Ce sera un prêt dont plus tard vous vous libérerez aisément.

CHABERT, *pleurant.*

Un prêt!... un prêt!...

Air : *Depuis long-temps j'aimais Adèle.*

Merci, monsieur ; mais aujourd'hui, par grace,
N'exigez pas un long remerciment.
Je veux parler, et ma langue se glace.
Ah ! laissez-moi remercier en pleurant.

DERVILLE, à part.

Est-ce mensonge, est-ce reconnaissance ?
C'est un soldat qui pleure, et j'entrevois
La probité dans ce triste silence ;
Car un fripon aurait eu de la voix.
Oui, les fripons ont toujours de la voix.

CHABERT.

Ma foi, monsieur, après celui qui m'apprit à lire et après l'empereur, vous êtes l'homme que je vénère le plus au monde.

LÉON, annonçant.

Madame la comtesse Ferrière.

CHABERT.

Elle !...

DERVILLE, à Léon.

Une minute... (à Chabert.) Je vous le disais bien qu'elle allait venir... C'est pour le placement de quelques capitaux...

CHABERT.

Tenez, monsieur, posez votre main sur ce cœur... Suis-je le mari de cette femme ?... Oh ! je la tuerai !

DERVILLE.

Colonel, je vais la garder auprès de moi... Vous attendrez là, dans ma chambre à coucher.

CHABERT.

Et si je me montre pour la confondre ?

DERVILLE.

Nous aurons fait des frais inutiles... Entrez, entrez... Laissez venir... Simonin !... le dossier n° 3. (*Simonin entre.*)

SIMONIN.

Le voici, monsieur. (*à part.*) Quels secrets je viens d'apprendre !

DERVILLE, à Léon.

Laissez entrer, et que personne ne vienne m'interrompre.

(*Chabert et Simonin sortent.*)

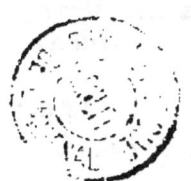

SCENE VII.

DERVILLE, seul.

Voilà une histoire qui me coûtera peut-être vingt-cinq louis ; mais si je suis volé je ne les regretterai qu'à demi, car j'aurai vu le plus habile comédien de notre époque.

SCENE VIII.

DERVILLE, LA COMTESSE FERRIÈRE.

DERVILLE, *allant au-devant de la comtesse.*
Veuillez m'excuser, madame la comtesse...
LA COMTESSE, *gaîment.*
Et de quoi, je vous prie ?
DERVILLE.
De vous avoir fait attendre une minute... C'était une pauvre cliente qui réclamait l'appui de mes conseils.

Air : *Vaudeville des Frères de lait.*

Je vous connais, comtesse, et je m'abuse,
Ou votre cœur saura me pardonner ;
Mais si pourtant vous voulez une excuse,
Sans nul détour je puis vous la donner.
Dans le tribut qu'ici chacun m'apporte,
Je dois choisir, madame, et bien souvent
J'ai consigné l'opulence à ma porte
Pour accueillir l'honnête homme indigent.

LA COMTESSE.
Mais c'est presque une épigramme.
DERVILLE.
Qui ne peut vous atteindre... Et puis, une affaire pressante, capitale... Oh ! aidez-moi de vos conseils, je vous prie !... Voyez cet énorme dossier... C'est un mari qui a deux femmes... Nous avons déjà vu la femme à deux maris.
LA COMTESSE.
Mais c'est... un bigame.
DERVILLE.
Oui, un... bigame... et d'une si singulière espèce que les miraculeux incidens qui s'y rattachent en font presque un être à part.
LA COMTESSE, *avec un rire forcé.*
Qu'est-ce donc, bon Dieu !

DERVILLE.

Je suis enchanté que vous y preniez quelque intérêt... C'est un valet d'écurie qui épouse d'abord une grande dame... Le contraire s'est vu aussi maintes fois, n'est-ce pas, madame la comtesse?

LA COMTESSE, *troublée.*

Oui, peut-être... je ne sais. Après?

DERVILLE.

La scène se passe loin de nous, en Russie... A l'incendie du Kremlin, cette charitable dame est horriblement défigurée par le feu des décombres et le piétinement des chevaux... Les médecins constatèrent sa mort, et puis...

LA COMTESSE.

C'est un véritable roman qui vous est échu là, monsieur Derville.

DERVILLE.

Vous voyez qu'il y a par hasard un reflet de poésie au fond de cette poussière de dossiers qui nous assiégent... Finalement, cette pauvre femme est arrivée à Paris.

LA COMTESSE.

A Paris?

DERVILLE.

Je l'ai vue ce matin, et voici le procès... Cet ancien valet d'écurie, ce rustre de tout à l'heure est aujourd'hui remarié, bien remarié, madame, et l'identité de ma cliente est presque impossible à prouver. Voilà mon volume de documens... C'est toute notre espérance... (*Il met le dossier sur le bureau.*)

LA COMTESSE.

Le mari ignore, sans doute...

DERVILLE.

Le mari n'ignore rien, madame; ni la mort, ni la résurrection de sa femme, ni sa misère, ni sa faim... Vous trouvez, n'est-ce pas, que cela est infâme?

LA COMTESSE.

Cependant, si l'identité ne peut se prouver, vous perdrez le procès.

DERVILLE.

Peut-être!

LA COMTESSE.

Et si vous le gagnez?...

DERVILLE.

Oh! si je le gagne, il y aura de l'amertume.

LA COMTESSE.

Vous me faites rire.

DERVILLE, *sévèrement.*

Écoutez-moi donc; un mot suffira pour vous rendre sérieuse...

Nous parlions tout à l'heure de bigamie; eh bien! le colonel comte Chabert existe.

LA COMTESSE, *à part.*

Je suis perdue. (*riant.*) Et vous voulez me rendre sérieuse avec de pareilles bouffonneries?

DERVILLE.

Il existe, vous dis-je; et à votre tour, madame, vous me faites sourire de colère et de pitié.

LA COMTESSE.

Et moi qui vous écoute encore!

DERVILLE.

Mais il le faut bien... Et d'abord permettez-moi de vous dire que, quoique votre avoué, je dois être avant tout l'avocat du malheur... Votre procès est perdu, votre second mariage annulé, vos enfans sans nom; vous aviez reçu des lettres.

LA COMTESSE.

C'est faux!

DERVILLE.

Vous avez reçu des lettres, l'une avant la célébration du mariage, la dernière contenait des valeurs importantes.

LA COMTESSE.

Oh! pour des valeurs, elle n'en...

DERVILLE.

Il suffit; écoutez-moi, car je veux vous éviter le scandale d'un procès qui vous couvrirait de honte... Nos avocats ont de l'éloquence, il est des plumes bien incisives qui savent écrire de cruels mémoires; et celui du comte Chabert serait épouvantable; il y aurait là toute une exécration publique... Un homme qui vous aimait, qui vous aime encore!

LA COMTESSE, *à part.*

Oh! s'il m'aime, j'espère...

DERVILLE.

J'attends vos ordres, madame, pour savoir s'il faut vous signifier nos actes ou si vous préférez en finir ici, ici même, séance tenante; je vous laisse cinq minutes. (*Il montre la chambre.*) On m'attend.

Air : *De votre bonté généreuse* (de Fanchon).

Vous le voyez, madame, le temps presse;
Un vieux soldat gémit non loin de nous.
Dites un mot, un seul mot de tendresse,
Et dans l'instant il tombe à vos genoux.
Songez-y bien, il s'agit d'un grand crime,
Et sa vengeance ici vient vous offrir
Ou le pardon, car il est magnanime,
Ou le mépris, car il peut vous flétrir.

SCENE IX.

LA COMTESSE, *seule.*

Je me soutiens à peine; que faire, ô mon Dieu! et quels malheurs je prévois! Mes enfans, mes chers enfans, et le comte Ferrière... Il faut que je parle à... cet homme, il le faut, mais seul... comment faire?

Air d'*Aristippe*.

Par un seul mot, quelle métamorphose!
Tout mon bonheur s'est enfui sans retour.
Oui, contre moi sa présence dépose
Bien moins encor que son fatal amour.
De mes efforts voilà la récompense;
Dans mon erreur j'ai voulu sommeiller:
Je m'endormis avec une espérance,
Et le remords vient de me réveiller.

SCENE X.

LA COMTESSE, DERVILLE.

LA COMTESSE.

Eh bien! monsieur?

DERVILLE.

Eh bien! madame, voici un projet d'acte que je viens de rédiger à la hâte et dont vous ratifierez, j'espère, toutes les conditions... Peut-être serai-je assez heureux pour les faire accepter par... un homme à qui j'ai dû dire d'abord que vous ne l'aimiez plus.

LA COMTESSE.

Parlez, monsieur; vous voyez que j'ai attendu.

DERVILLE.

L'article 1er reconnaît et constate l'identité de votre mari.

LA COMTESSE, *souriant.*

Mon mari!

DERVILLE.

Si vous aimez mieux, le colonel comte Chabert.

LA COMTESSE.

Après?

DERVILLE.

De son côté, il s'engagera, dans l'intérêt seul de votre bonheur, à ne jamais abuser de cet acte.

LA COMTESSE.

Et quel est le prix de tout cela ?

DERVILLE.

J'ai pensé que vous deviez lui assurer une rente viagère de 20,000 fr.

LA COMTESSE.

Vingt mille francs de rente !

DERVILLE.

Le capital vous est dévolu à sa mort.

LA COMTESSE.

Mais, monsieur !...

DERVILLE.

Ah ! les revenans coûtent cher !...

LA COMTESSE.

Allons, monsieur, si telle est la transaction qui m'est imposée, et s'il m'est bien prouvé que cet homme soit en effet le comte Chabert, j'accepterai.

DERVILLE.

Il ne tiendra qu'à vous de le reconnaître, car il met une dernière condition à son sacrifice, une condition à laquelle je n'ai pas pu le faire renoncer.

LA COMTESSE.

Et laquelle, monsieur?... mais un peu vite, je vous prie.

DERVILLE.

Il veut, il exige...

LA COMTESSE.

Ah ! monsieur exige !

DERVILLE.

Oui, oui, monsieur exige... et cette clause-ci est la seule qu'il ait consentie encore... il persiste à vouloir...

LA COMTESSE, *impatientée.*

Mais quoi donc ?

DERVILLE.

Que chez vous, dans votre propre hôtel... maître absolu, jaloux de ses souvenirs de bonheur... (*Il lui remet l'acte.*) Tenez, lisez vous-même.

LA COMTESSE, *après un instant.*

Quelle horreur !   (*Elle jette le papier.*)

DERVILLE.

Eh bien ! madame ?

LA COMTESSE.

Mon parti est irrévocablement pris, monsieur, nous plaiderons.   (*Ici Chabert paraît à la porte.*)

DERVILLE.

Songez-y bien, c'est un va-tout d'honneur ou de mépris, de considération ou de honte.

LA COMTESSE, *voulant sortir.*

Tout est prévu, nous plaiderons.

SCENE XI.

LES MÊMES, CHABERT.

CHABERT, *se jetant au-devant d'elle.*

Oui, nous plaiderons.

LA COMTESSE, *à part.*

O mon Dieu! c'est lui!

CHABERT, *ramassant l'acte et le déchirant.*

Et maintenant, madame, je vous veux tout entière et sans partage.

LA COMTESSE, *à part.*

Qui pourrait le reconnaître!

DERVILLE, *à Chabert.*

Vous n'avez pas tenu votre parole, colonel.

LA COMTESSE.

Mais monsieur n'est pas le colonel Chabert! on me trompe, on vous trompe aussi.

CHABERT.

Je ne suis pas le colonel Chabert! ton époux, ton maître!... Ah! tu demandes des preuves, tu veux que j'en fournisse, autres que cette agitation que tu ne peux plus déguiser; je vais t'en donner. En Espagne, quand je vous ai connue, madame, vous étiez une servante; quand je vous ai quittée pour rejoindre mon régiment, vous étiez ma femme, la comtesse Chabert; quand je vous retrouve, vous n'êtes plus que... Oh! dites-moi donc ce que vous êtes!

LA COMTESSE, *fausse sortie.*

Trouvez bon, monsieur Derville...

CHABERT, *la retenant.*

Oh! tu m'écouteras encore... Une femme à laquelle j'ai donné un million et qui me marchande!... Une femme que j'ai dotée d'un nom honorable et qui me renie. Tenez, approchez; ne trouvez-vous pas en effet que vos oripeaux cadrent bien avec mes guenilles? Combien estimez-vous ces brillantes étoffes?... Quel prix mettez-vous à ce vieux carrick en lambeaux?

LA COMTESSE.

Pour la dernière fois, je ne suis pas venue ici pour entendre de pareilles horreurs; me retiendra-t-on de force?

Chabert.   3.

CHABERT.

Non, non, va-t-en, va-t-en; mais demain j'irai frapper à la porte.

LA COMTESSE, *en sortant.*

Il est impossible qu'on le reconnaisse.

SCÈNE XII.

DERVILLE, CHABERT.

DERVILLE.

Eh bien ! colonel, voilà comment vous menez les procès !

CHABERT.

Je n'ai pu maîtriser mon indignation.

DERVILLE.

Maintenant je suis sûr de votre identité. Quand vous vous êtes montré, j'ai surpris un mouvement dont la pensée n'était pas équivoque; et malgré cela votre cause est perdue.

CHABERT.

Que dites-vous là, monsieur ?...

DERVILLE.

Voilà une femme qui sait que vous êtes méconnaissable.

CHABERT.

Oh ! je la tuerai.

DERVILLE.

Et après ?...

CHABERT.

L'abdication de Napoléon et ma femme, ce sont là les deux grandes calamités de ma vie. Si j'avais eu des parents, une famille ! mais non, je suis né à l'hôpital, j'ai eu pour patrimoine mon courage, pour amis quelques vieux soldats de la garde, et puis, plus rien. Ah ! je me trompe, j'avais un père, c'était l'empereur.

DERVILLE.

Je vais essayer de réparer votre imprudence.

CHABERT.

Il paraît que je ferai des sottises à tout âge. Maudite femme ! que faire maintenant ?

DERVILLE.

Vous taire, me laisser agir, et attendre; je vais là, dans mon cabinet. La guerre de plume va commencer, et je vous charge d'en porter la déclaration.

CHABERT.

C'est ça, j'assisterai à la bataille l'arme au bras; il y a commencement à tout.

DERVILLE.

Je suis à vous dans un instant.

SCÈNE XIII.

CHABERT, *seul*.

Brave homme! brave homme! et cette malheureuse qui me repousse, qui me renie, et qui pourtant est toujours si belle! Oh! je l'ai dit, je sens que je la tuerai.

SCENE XIV.

CHABERT, LA COMTESSE; *elle entre rapidement.*

(*Musique avec des sourdines.*)

LA COMTESSE, *bas*.

Monsieur!...

CHABERT, *irrité*.

Vous ici, madame?

LA COMTESSE.

Venez.

CHABERT.

Que voulez-vous de moi?

LA COMTESSE.

Par pitié, venez, monsieur, je vous ai reconnu.

CHABERT.

Adèle! c'est tout ce que je voulais; et où faut-il que j'aille?

LA COMTESSE.

Chez moi, à votre château de Groslai; ma voiture est en bas.

CHABERT.

Et monsieur Derville?

LA COMTESSE.

Il doit l'ignorer.

CHABERT.

Partir sans le voir! ce serait de l'ingratitude.

LA COMTESSE.

Que demande-t-il? votre bonheur.

CHABERT.

Et toi, Adèle? que m'offres-tu?

LA COMTESSE.

Venez... viens.

CHABERT.

A la garde de Dieu! partons.

(*Dès qu'ils sortent, Simonin paraît sur le seuil de la porte.*)

SIMONIN, *les suivant de l'œil*.

Comment, ensemble!

ACTE II.

Le théâtre représente un pavillon donnant sur un jardin de plain-pied.

SCENE PREMIERE.

CHABERT, *seul, à la porte de la terrasse.*

Oui, c'est bien ici, je m'y reconnais, car j'y retrouve tous mes souvenirs de l'empire; ce fut la dotation de mon sabre fidèle; ce fut le prix de mon dévouement; ici du moins on peut mourir; là je lisais mes vieux bulletins; dans ce coin l'homme vint toucher ma blessure; il y est venu; je vois toujours mes tableaux de batailles!

AIR: *T'en souviens-tu?*

Ici pesait le front des Pyramides
Près d'Aboukir, là brillait Marengo.
Qu'en ont-ils fait? O ciel! mes yeux avides
Lisent, je crois, Cadix, Trocadéro!
Ils ont biffé toutes nos vieilles gloires,
Voulant placer, ivres de déraison,
Leurs jeux d'enfant auprès de ses victoires;
Il grandit par comparaison.

SCENE II.

CHABERT, *assis,* SIMONIN, *entrant sur la pointe du pied.*

SIMONIN.

Vrai Dieu! colonel, je suis heureux de vous retrouver.

CHABERT.

Qui êtes-vous? je ne suis pas colonel.

SIMONIN.

Comprenez donc quelque chose à une logique de soldat! vous me reniez donc?

CHABERT.

Je ne vous ai jamais connu.

SIMONIN.

Oh! renégat! comment, monsieur Chabert, il ne vous souvient déjà plus de maître Derville et de ses clercs? hier au soir, dans l'étude... c'est mal, et vous avez de la rancune.

CHABERT, *se lève.*

Attendez donc, vous êtes le petit sourd... par bonheur un enfant. (*Il époussette ses bottes.*) Monsieur est venu ici en équipage, sans doute?

SIMONIN, *riant.*

Je vois que je suis reconnu, et entre nous je n'en suis pas fâché; précisément à cause de vous, colonel.

CHABERT.

A cause de moi?

SIMONIN.

Oui, écoutez : je suis jeune, très jeune; mais dans la Bazoche, mon cher monsieur, *l'audace n'attend pas le nombre des années*; et j'ai eu le courage de compulser, seul et par dévouement, l'immensité de votre mystérieux dossier; un terrible dossier, colonel!

CHABERT.

Quoi! maître Derville...

SIMONIN.

Je suis le *factotum* de maître Derville, l'*alter ego* de maître Derville, je suis maître Derville lui-même, moins la charge et les profits; clerc et patron tout à la fois.

CHABERT.

Vous cumulez.

SIMONIN.

Figurez-vous bien que sans moi le patron vous prenait hier au soir pour un véritable conte fantastique; par bonheur je venais de vous voir sortir au bras de madame la comtesse, et il ne nous resta plus d'inquiétude. Eh bien!

CHABERT.

Eh bien! quoi?

SIMONIN.

Votre affaire!

CHABERT, *froidement.*

Qu'en pensez-vous?

SIMONIN.

Qu'en pense le colonel lui-même?

CHABERT.

Qu'en pense maître Derville depuis hier?

SIMONIN.

Maître Derville? voici ce que j'en pense. Plaiderez-vous?

CHABERT, *vivement*.

Oh! non, bien certainement non... La pauvre femme n'a pas besoin de nouvelles angoisses.

SIMONIN.

A la rigueur plaideriez-vous?

CHABERT.

A la rigueur... à la rigueur de mon droit...

SIMONIN.

Le droit n'a pas de rigueur, monsieur; le droit est naturellement souple, élastique, éponge à volonté; le droit est presque une négation.

CHABERT.

Vous niez la justice, jeune homme?

SIMONIN.

Au contraire, je la constate.

CHABERT.

Vous niez donc l'égalité devant la loi? vous niez la liberté?

SIMONIN.

Oh! pour la liberté, je ne la nie pas, colonel, seulement je la cherche.

CHABERT.

Et vous pensez que la liberté s'en va et se perd, atôme imperceptible?

SIMONIN.

Imperceptible, vous l'avez dit... tenez, mon cher monsieur, voici comment cela se pratique d'ordinaire. (*Il retrousse ses manches, et fait mine d'escamoter.*)

Air: *Vaudeville du premier Prix*.

Je prends dans une gibecière
Deux muscades de qualité;
On les nommait, je crois, naguère,
Révolution, liberté.
Puis je dis: Passe et contrepasse;
Tout est passé, soufflez un brin.
Plus de liberté ni de trace
Que sur la paume de la main.

CHABERT.

La comtesse arrive de ce côté, jeune homme.

SIMONIN.

Avec le comte?

CHABERT.

Le comte Ferrière est à Paris.

SIMONIN.

Décidément vous ne plaiderez pas?

CHABERT.

Non.

SIMONIN.

Je vais porter votre réponse à maître Derville.

SCENE III.

LA COMTESSE, *précipitamment*, UN DOMESTIQUE.

LA COMTESSE.

Qu'on cherche et qu'on trouve M. Boucard; qu'il soit ici avant une heure... Où peut-il être?

LE DOMESTIQUE.

On l'a vu se diriger ce matin du côté de la ferme.

LA COMTESSE.

Eh bien! qu'on aille à la ferme avec cette lettre et qu'on me l'amène.

LE VALET.

Oui, madame. (*Il sort; la comtesse aperçoit Chabert.*)

SCENE IV.

CHABERT, LA COMTESSE.

LA COMTESSE.

Je vous ai fait attendre...

CHABERT.

Je ne m'en suis pas trop aperçu, car je rêvais.

LA COMTESSE.

Eh bien! réveillez-vous donc et approchez. (*Elle lui tend la main, il la baise.*) Comment n'avez-vous pas deviné, hier au soir, dans cette noire étude de Derville, qu'il m'en coûtait à mourir de paraître ainsi devant vous aux yeux d'un étranger?

CHABERT.

Mais aussi, Adèle, j'ai bien souffert.

LA COMTESSE.

Si j'ai à rougir de cette affreuse situation, du moins que ce ne soit qu'en famille.

CHABERT, *bas et vivement*.

Ah! ce secret doit rester enseveli dans nos cœurs.

LA COMTESSE.

Ecoutez, mon ami; quand votre soldat arriva pour m'apprendre que vous existiez encore, j'appartenais déjà à un autre... mes amis m'entouraient, les paroles d'union étaient prononcées... Que devais-je faire? surtout avec cette idée qu'un faux Chabert, un intrigant, se jouait peut-être de ma crédulité.

CHABERT.

Oui, tu as raison, c'est moi qui suis un sot de n'avoir pas su mieux calculer les conséquences d'une pareille aventure.

LA COMTESSE.

Ici, monsieur, nous réfléchirons au parti qu'il nous reste à prendre... Voulez-vous que nous soyons la fable de tout Paris, de toute la France? dites, monsieur, je subirai votre arrêt.

CHABERT.

Et l'autre? (*plus bas.*) votre mari?

LA COMTESSE.

Le comte Ferrière est en ville... Nommé conseiller à la cour royale, il doit demain prêter serment.

CHABERT.

Et cet autre, vous l'aimez donc beaucoup?

LA COMTESSE.

Et pourquoi ne me confierais-je pas à la noblesse de votre caractère?... eh bien! oui, j'aime le comte Ferrière. Je ne vous dirai pas qu'il est jeune et que son âge me plaît... vieillard, je l'eusse aimé peut-être davantage, car j'aurais trouvé en même temps dans lui ce que je vois en vous un père, un ami... Ah! ne pleurez pas... Aimez-vous mieux que je sois une femme fausse, hypocrite? Le hasard m'avait laissé veuve, mais je n'étais pas mère... et je le suis devenue.

CHABERT.

Vous avez des enfans, madame?... (*silence.*) Adèle!..

LA COMTESSE.

Monsieur!

CHABERT.

Les morts ont bien tort de revenir.

LA COMTESSE.

Ne me croyez pas une ingrate, je sais tout ce que je vais vous devoir.

CHABERT.

Je n'ai plus aucun ressentiment... hier, si je t'imposais de dures conditions, c'était pour venger mes malheurs méconnus.

LA COMTESSE.

Et vous oublierez tout?

CHABERT.

Tout, jusqu'à cette bizarre exigence qui me faisait demander un peu d'amour à une femme qui ne m'aime plus... Je ferai ce que vous voudrez, Adèle.

LA COMTESSE.

Mon ami, nous parlerons de tout ceci plus tard, à cœur reposé.

CHABERT.

Vous étiez donc bien sûre de m'entraîner ici?

LA COMTESSE, *tendrement.*

Oui, si je retrouvais mon Chabert dans le plaideur.

UN DOMESTIQUE, *entrant.*

Madame la comtesse, voici M. Bo....d. (*Il sort.*)

LA COMTESSE, à ...bert.

C'est le secrétaire intime du c..nte Ferrière, un véritable ami.

CHABERT, *à part.*

C'est là en effet toute une figure d'intendant. (*Il s'assied et lit un journal.*)

SCENE V.

LES MÊMES, BOUCARD, LA COMTESSE.

LA COMTESSE.

Voyons, monsieur l'introuvable, où en sommes-nous de nos comptes?

BOUCARD.

Si madame la comtesse voulait remettre à un autre jour...

LA COMTESSE.

Impossible! vous savez que vous devez partir ce soir même pour Paris, et puis monsieur est de la maison, ainsi...

CHABERT, *à part.*

Je le crois bien, que je suis de la maison.

BOUCARD.

Voici donc, madame, l'état de vos fermes, vos revenus, vos dépenses...

CHABERT, *à part.*

Tout cela est à moi, excepté les dépenses.

LA COMTESSE.

Oui, je comprends; tout un budget en un gros volume; mais c'est immense.

BOUCARD.

L'immensité d'une heure au plus.

CHABERT, *se levant.*

Juste ce qu'il me faut pour lire le *Constitutionnel* sur la terrasse; vous permettez? (*Il se promène en dehors.*)

SCÈNE VI.

LA COMTESSE, BOUCARD.

(Scène à demi-voix.)

LA COMTESSE.

Eh bien ! Boucard, avez-vous songé à mes confidences de la nuit dernière ?

BOUCARD.

Mieux que cela, madame ; j'ai agi. Un acte formulé d'avance chez le notaire de Saint-Leu, une rétractation complète, irrévocable ; puis une pension au fond de quelque lointaine province.

LA COMTESSE.

Et signera-t-il ?

BOUCARD.

C'est là toute la question, et j'y pense.

LA COMTESSE.

Cinq mille francs pour vous, monsieur.

BOUCARD.

La mission est délicate, périlleuse, madame la comtesse, très périlleuse.

LA COMTESSE.

Dix mille francs pour vous, monsieur, une heure après la signature.

BOUCARD.

A la bonne heure ! mais c'est là un vieux soldat qui pourra se fâcher.

LA COMTESSE.

Vingt mille francs, et que cela finisse.

BOUCARD.

Le vieux soldat sera mâté ; j'irai attendre vos ordres dans mon cabinet. Dans une heure j'édite l'ouvrage ; veuillez, je vous prie, vous charger de la préface. *(Il sort et salue Chabert en passant.)*

SCÈNE VII.

LA COMTESSE, CHABERT.

CHABERT.

Vos comptes n'ont pas été longs à régler, et puisque vous voilà seule...

LA COMTESSE.

Oui, je m'en suis débarrassé ; je voudrais être morte ! *(silence.)* ma situation est intolérable.

CHABERT, *jetant le journal.*

Eh bien ! que vous est-il arrivé ? qu'avez-vous donc ?

LA COMTESSE, *assise.*

Rien, rien.

CHABERT.

Adèle, vous avez quelque chagrin secret; venez vous distraire dans le parc; c'est une journée calme et magnifique, et puis je viens d'entendre tout près les éclats de gaité de vos jeunes enfans.

LA COMTESSE.

Mes enfans!

CHABERT.

Vous ne me répondez pas, Adèle?

LA COMTESSE.

Voilà des enfans déshonorés; ils ne le savent pas encore.

CHABERT, *à part.*

Bien décidément je dois rentrer sous terre, je me le suis déjà dit.

LA COMTESSE.

Mon mari... comment dirai-je en parlant de monsieur Ferrière?

CHABERT, *avec bonté.*

Nomme-le ton mari, ma pauvre enfant, nomme-le ton mari.

LA COMTESSE.

Eh bien!... monsieur Ferrière me fait demander ce que je suis venue faire ici. S'il apprend que je me sois enfermée avec un inconnu...

CHABERT.

Écoute, Adèle...

LA COMTESSE.

Décidez de mon sort, je suis résignée.

CHABERT.

J'ai résolu de me sacrifier; ce sera presque un second ensevelissement. J'ai besoin de te savoir heureuse, tu le seras.

LA COMTESSE.

Mais cela est impossible; songez donc qu'il vous faudrait alors renoncer à vous-même, à votre vie légale, à votre identité, et tout cela d'une manière... authentique.

CHABERT, *vivement.*

Authentique!... une renonciation authentique! ma parole ne vous suffit-elle pas? Des hommes sont morts pour une maîtresse, une femme; ce n'est là du moins mourir qu'une fois, et ici je donnerais une existence de tous les jours, de toutes les minutes!... Authenthique! une vie, ce n'est rien, ou peu de chose; mais signer que je ne suis pas le colonel Chabert! m'inscrire en faux contre moi-même, me proclamer à la face du ciel et devant les hommes un intrigant, un imposteur, un infâme ! Ah ! ce mot-là, madame, m'a fait bien du mal !

LA COMTESSE.

Vous voyez bien qu'après cela il me serait impossible d'accepter un pareil sacrifice.

CHABERT.

Moi aussi j'ai eu tort de recevoir chez vous une hospitalité de vingt-quatre heures, et maintenant ces habits me pèsent presque comme une livrée... Authentique !

LA COMTESSE.

Oui, vous avez raison, il nous faudrait mentir à toute heure ; comte, je ne vous le demande plus ; sans mes enfans je me serais déjà enfuie avec vous au bout du monde.

CHABERT.

Adèle !

LA COMTESSE.

Ah ! vous autres hommes, vous ne comprenez pas ces choses-là ; il vous faut la promptitude d'un sacrifice, une mort violente. Allez, vous ne savez pas mourir long-temps.

CHABERT.

Mais, Adèle, est-ce que je ne puis pas vivre ici, dans ce petit pavillon, comme un de vos parens ? Je suis, vous le voyez, flétri, usé, chancelant. Mes souvenirs ne sont plus que de l'amertume, mes espérances un peu de pain et un dernier jour tranquille avec votre regard pour adieu. D'ici là, que me faut-il à moi ?

LA COMTESSE.

Le château est à vous, monsieur, si vous le désirez ; je voudrais pouvoir ainsi vous rendre tout ce que vous m'avez donné.

CHABERT.

Adèle, je saurai bien te vaincre en générosité ! Dites-moi ; comment faut-il s'y prendre pour assurer votre bonheur, celui de votre nouvelle famille ?

LA COMTESSE.

Que sais-je ?... Je m'en épouvante moi-même !... et d'ailleurs...

CHABERT.

Mais encore...

LA COMTESSE.

Agissez comme vous voudrez, monsieur, car cet assaut me fatigue et me tue... Mais je vous déclare que je ne me mêlerai en rien de cette affaire, je ne le dois pas...

CHABERT.

Vous serez heureuse... Et moi !...

LA COMTESSE.

Vous m'aimez donc encore ?... Adieu ! à ce soir... (*Elle lui tend la main qu'il porte à ses lèvres. Elle sort.*)

SCENE VIII.

CHABERT, LE COMTE FERRIÈRE.

CHABERT, *seul, assis.*

Puisque l'empereur est mort empoisonné à Sainte-Hélène, je puis bien souffrir et me résigner à Paris... D'une manière authentique !...

FERRIÈRE, *sans voir Chabert.*

Je vois bien qu'on n'attendait pas le maître ; personne pour me recevoir !... (*Il s'assied.*) Je ne connais pas ce monsieur...

CHABERT, *à part.*

C'est encore là un autre intendant ! (*Ils se regardent et se saluent sans mot dire.*)

FERRIÈRE, *à part.*

Il est pour le moins fou, ce vieux bonhomme !

CHABERT, *à part.*

S'il n'est pas espion, c'est toujours un drôle d'original ! (*Ils se regardent.*) La bizarrerie de ma nouvelle situation m'intrigue.

FERRIÈRE, *haut.*

Comment s'appelle monsieur ?

CHABERT.

Je me féliciterais aussi de savoir votre nom.

FERRIÈRE.

Vous connaissez madame la comtesse ?

CHABERT.

Connaissez-vous madame Ferrière ?

FERRIÈRE.

Je connais même le comte.

CHABERT.

Moi, je ne veux pas le connaître.

FERRIÈRE.

Et pourquoi ?

CHABERT.

Parce qu'il me déplaît, et lorsqu'un homme me déplaît, j'ai l'habitude de le lui dire.

FERRIÈRE.

Vous l'avez donc vu quelquefois ?

CHABERT.

Jamais.

FERRIÈRE.

Et vous le haïssez ?

CHABERT.

Oui... beaucoup.

FERRIÈRE.

Et pour quelle raison, je vous prie ?

CHABERT.

Parce que.

FERRIÈRE.

C'est une raison comme une autre.

CHABERT.

Pas tout-à-fait comme une autre, je vous jure !

FERRIÈRE.

Et vous êtes ici en affaire ?

CHABERT.

Pourquoi pas ?... et vous-même ?

FERRIÈRE.

Oui ; madame la comtesse...

CHABERT.

Impossible !... Elle est en négociation.

FERRIÈRE.

Pressante ?

CHABERT.

Sérieuse.

FERRIÈRE.

Avec vous ?

CHABERT.

Peut-être.

FERRIÈRE, *à part.*

Si Bicêtre était dans le voisinage, je dirais un échappé des petites maisons !... (*haut.*) Vous avez séjourné en Angleterre ?

CHABERT.

Très peu.

FERRIÈRE.

Et vous connaissez Bedlam ?

CHABERT.

J'ai vu plusieurs fois cette résidence de fous à Paris.

FERRIÈRE.

A Paris ?

CHABERT.

Dans beaucoup de maisons ; ceci en général.

FERRIÈRE.

Mais où donc, s'il vous plaît, en particulier ?

CHABERT.

Pas bien loin ; ici même, je crois, au château.

FERRIÈRE.

Ah !... Et depuis quand ?

CHABERT, *le regardant.*

Depuis cinq minutes.

FERRIÈRE.

A quels signes ?

CHABERT, *froidement.*

A vos questions.

FERRIÈRE.

Monsieur, le hasard est drôle !... A mon tour, je vous ai pris d'abord pour un privilégié de Bedlam.

CHABERT.

Et à quels symptômes ?

FERRIÈRE, *froidement*.

A vos réponses. (*Il s'assied, et ils se regardent un instant d'un air un peu colère.*) Vous vous asseyez, monsieur ?

CHABERT.

J'attends, vous n'attendez personne, vous ? car je vous vois là, debout, prêt à partir.

FERRIÈRE.

J'attends aussi que quelqu'un ouvre cette porte.

CHABERT.

Voulez-vous que je sonne un valet ?

FERRIÈRE.

Il ne suivrait pas vos ordres.

CHABERT.

Vous voulez, peut-être, les suivre de préférence ?

FERRIÈRE.

J'aime mieux les donner. (*Il sonne.*)

CHABERT.

Eh ! mon Dieu ! vous allez faire accourir les mille gens du château !

FERRIÈRE.

Il ne faut pourtant qu'un valet pour le balayage de ce salon !

CHABERT.

C'est juste ; la partie, du moins, sera égale.

FERRIÈRE, *avec colère*.

Entre qui ?

CHABERT.

Entre vous et lui.

FERRIÈRE.

Entre nous deux, monsieur; entre nous seuls peut-être ! qui donc êtes-vous ?

CHABERT.

Que vous importe ?

FERRIÈRE, *furieux*.

Le comte Ferrière veut le savoir !

CHABERT, *se levant en colère*.

Le comte Ferrière ! oh ! répétez-le-moi, dites encore, le comte Ferrière ! écoutez-moi bien.

FERRIÈRE.

Et qui devrais-je écouter ?

CHABERT.

Pour le moment, un homme sans nom, mais non pas sans titres ; nous nous valons peut-être.

FERRIÈRE.

Merci !

CHABERT.

Vous me remercierez après ; un comte de la restauration vaut-il plus qu'un comte de l'empire ? (*Il déboutonne son habit et montre sa croix de commandeur.*)

Air: *Au brave Hussard du deuxième*, (des Mauvaises têtes.)

Du temps passé seigneur parfumé d'ambre,
Quel est le prix, dites-moi, d'un blason ?
Combien de fois fîtes-vous antichambre
Afin de voir alonger votre nom ?
Pour mériter quelques faveurs, naguère,
Fallait grandir, non se rapetisser :
On les attend aujourd'hui terre à terre,
Sans doute afin de mieux les ramasser.

Remerciez-moi maintenant.

FERRIÈRE.

Oh ! permettez ; quand la folie est furieuse, elle me fait peur, et je la fais lier. (*Il prend la sonnette et ne sonne pas.*)

CHABERT.

Pas encore ! plus tard, vous me ferez mettre à la porte par vos gens ; votre femme me fera rentrer !

FERRIÈRE.

Vive Dieu ! sortez de bonne grace !...

CHABERT.

Encore un coup, faites-moi chasser !

FERRIÈRE.

On va vous obéir.

CHABERT, *l'interrompant.*

Pour en finir, comte Ferrière...

FERRIÈRE.

Pour en finir, qui donc êtes-vous ? je suis chez moi !

CHABERT.

Vous voulez donc me connaître ? tant pis !... autrefois, j'avais un grade, des titres, et l'on m'appelait colonel ; aujourd'hui, on me nomme misérablement... (*La comtesse paraît et jette un cri ; Chabert se retourne.*) Et tenez, demandez-le plutôt à madame la comtesse ! (*Il sort.*)

SCENE IX.

LE COMTE FERRIÈRE, LA COMTESSE.

FERRIÈRE.

Ce n'est plus folie, je crois.

LA COMTESSE.

Ah! c'est mal à vous de nous surprendre ainsi! l'on ne vous attendait guère au château, je vous jure! Que vous disait cet homme?

FERRIÈRE.

Je cherche encore à me rappeler toutes les sensations qu'il m'a fait éprouver; vous le connaissez donc bien?

LA COMTESSE.

Non.

FERRIÈRE.

Non?... vous me surprenez, madame!

LA COMTESSE, *le rassurant.*

Ceci est pourtant bien simple! figurez-vous une aventure singulière, tout un chapitre de roman! c'est... Verdier.

FERRIÈRE.

Verdier! je me suis perdu, tout à l'heure, à deviner cet homme; voilà que vous me brouillez encore plus les idées. Monsieur Verdier, dites-vous?

LA COMTESSE.

Je vous le donne en cent.

FERRIÈRE.

Vous pourriez aussi bien me le donner en mille. Monsieur Verdier, colonel et comte de l'empire?

LA COMTESSE, *vivement.*

Qui vous a dit cela?

FERRIÈRE.

Il le disait bien lui-même.

LA COMTESSE.

Ah! il vous a dit aussi sa longue amitié avec feu le comte Chabert?

FERRIÈRE.

Non.

LA COMTESSE.

Parlé de cette triste bataille d'Eylau?

FERRIÈRE.

Pas le moins du monde.

LA COMTESSE.

Entretenu de ses malheurs en Allemagne, en Hongrie, en France?

FERRIÈRE.

Rien de tout cela, je vous jure!

LA COMTESSE.

Comment, pas un mot de sa jeune femme?

FERRIÈRE.

Ni femme, ni enfans.

LA COMTESSE, à part.

Ah! je respire; Boucard fait en ce moment le reste. (*haut.*) Eh bien! maintenant, vous connaissez monsieur Verdier.

FERRIÈRE, *intrigué.*

Ah!

SCENE X.

LES MÊMES, CHABERT.

CHABERT, *agité à la porte.*

Allons donc, monsieur Boucard, je ne suis pas encore un faussaire.

LA COMTESSE, *à part.*

Oh! grace, monsieur.

CHABERT, *fortement.*

Cet intrigant de Boucard...

FERRIÈRE.

Monsieur, Boucard est mon secrétaire.

CHABERT.

A la bonne heure; ce fripon de secrétaire... qui me faisait signer tout bonnement, tout simplement... (*La comtesse veut sortir, Chabert la retient.*) J'ai besoin que vous restiez, madame; un jour d'une généreuse hospitalité vaut bien une confidence, et puis monsieur le comte ne connaît pas celui que vous avez obligé...

LA COMTESSE, *à part.*

Vous avez donc juré de me perdre?

CHABERT.

De grace, restez, madame la comtesse, vous n'êtes pas de trop ici. (*au comte.*) J'ai une femme, monsieur, et je suis veuf.

FERRIÈRE, *souriant.*

De fait, cela se peut.

CHABERT.

Et en droit, vous qui êtes juge?... Oh! c'est une histoire singulière qui vous fera pouffer de rire, si elle ne vous fait pleurer de rage; c'est du galvanisme ou de la bouffonnerie : vous choisirez, le drame ou la farce... Je suis mort...

FERRIÈRE, *à part, riant.*

Bien décidément il est fou.

CHABERT.

Ah! voilà que vous riez... Je suis sûr qu'elle ne rit pas, madame la comtesse.

LA COMTESSE, *à part*.

Vous me faites mourir, monsieur.

CHABERT.

Mon crâne est fendu, horriblement mutilé, n'est-ce pas? mon œil vous apparaît tout ridé? et cet œil me ferait suivre au bout du monde, si je le voulais... (*Il regarde la comtesse.*) Enfin, monsieur, après des années, j'ai retrouvé ma femme, mais une femme mariée à un autre; je lui ai tendu la main : elle y a jeté une aumône, et sans madame la comtesse j'aurais encore des guenilles sur moi; elle s'est prise à rire, puis, persuadée, ou plutôt confondue, elle m'a fait proposer une poignée d'argent, si je voulais me signer imposteur et faussaire.

FERRIÈRE, *agité*.

Monsieur...

CHABERT.

Je vous le disais; voilà que vous ne riez plus... (*à la comtesse*) et maintenant, que feriez-vous à cette femme là. Vous ne répondez pas?... et vous, monsieur, conseiller à la cour royale, que décideriez-vous, en pareil cas?

FERRIÈRE.

Moi! je la tuerais.

CHABERT.

C'est mourir trop vite.

FERRIÈRE.

Ou plutôt je l'abandonnerais à la honte, au remords!

CHABERT, *prenant le bras de la comtesse, et la repoussant*.

Eh bien! gardez-la donc : le comte Chabert vous la donne.

LA COMTESSE.

Ah!

(*La comtesse se jette sur un siège, Ferrière suit de l'œil Chabert qui sort, puis revient vers la comtesse qui tombe à ses genoux sans mot dire. Long silence.*)

SCÈNE XI.

LE COMTE FERRIÈRE, LA COMTESSE.

FERRIÈRE.

J'ai tout compris, madame, votre crime et ma honte; votre crime, car c'en est un épouvantable! ma honte, car il y a là désormais, pour moi, un stygmate indélébile!

LA COMTESSE.

Avant de me condamner, laissez-moi parler; interrogez au moins votre femme!

FERRIÈRE.

Qu'importe le motif, s'il en peut exister, alors qu'un mot de cet homme peut vous trahir et nous perdre?

LA COMTESSE.

Et vous pensez que le comte Chabert... Je l'ai cru mort... puis il m'aime : il se taira.

FERRIÈRE.

Eh bien! alors, madame, il se brûlera la cervelle. (*Silence.*) Avant trois jours il vous faudra quitter Paris.

LA COMTESSE, *vivement*.

Partir! et pourquoi?

FERRIÈRE.

Pourquoi? vous ne comprenez donc rien au monde! dans une heure on nous montrera au doigt, on nous affichera peut-être.

(*Il sonne, puis il écrit.*)

LA COMTESSE.

Que faites-vous?

FERRIÈRE, *à un valet*.

Qu'on selle un de mes chevaux, et qu'on aille à l'instant porter cette lettre à Paris. (*à la comtesse.*) Je ne veux pas que mes enfans aient à rougir de leur père; je ne veux pas rougir moi-même sur le siège des magistrats. Cette place de conseiller, tant demandée, tant desirée, qui m'assignait un poste si honorable, eh bien! je la refuse...

LA COMTESSE.

Tout ce qui arrive, monsieur, est-il donc mon ouvrage à moi seule?

FERRIÈRE.

Vous n'étiez pas seule, avez-vous dit?... et cette pensée vous est venue...

LA COMTESSE.

Par vous, monsieur, par vous seul.

FERRIÈRE.

Et quand donc, s'il vous plaît?

LA COMTESSE.

Quand je vous vis pour la première fois!

Air : *d'Yelva*.

Parlez, monsieur, quelle est votre pensée?
Pourquoi sur moi ces regards de courroux?
De votre cœur suis-je déjà chassée?
Me faudra-t-il embrasser vos genoux?
A mon serment je fus toujours fidèle;
En vous voyant, mon sort dut s'accomplir;
Et si l'amour aveugla votre Adèle,
Est-ce donc vous qui devez l'en punir?

FERRIÈRE, *calme.*

Tenez, madame, vous entendez les cris de vos deux enfans.

LA COMTESSE.

Oui, les voilà qui jouent... et leur mère !

FERRIÈRE.

Je vous les enverrai dans un instant.

LA COMTESSE, *vivement.*

A quoi bon, monsieur ?

FERRIÈRE.

Vous pourrez leur faire vos adieux.

LA COMTESSE.

Des adieux à mes enfans, ne plus voir mes enfans !... Oh ! monsieur, mais c'est la plus affreuse punition... et l'autre seul aurait peut-être le droit de se venger !

FERRIÈRE.

Adèle, je vous le répète, la mort dans le cœur : avant trois jours, il vous faudra quitter Paris.

(*Il sort, la comtesse demeure anéantie; tout à coup, par la porte du fond, Chabert entre avec ses guenilles du premier acte.*)

SCÈNE XII.

CHABERT, LA COMTESSE.

LA COMTESSE, *pleurant.*

Vous m'avez perdue !... mais pourquoi ce changement ?

CHABERT.

Parce qu'il m'a plu de revenir homme, de valet que j'aurais été. Oh ! point de cris, point de plaintes : car voyez, je ne vous maudis pas... Seulement, je ne veux point me venger ; vos enfans ne seront pas déshonorés, et vous, madame, vous vivrez encore heureuse !

LA COMTESSE.

Heureuse ! et vous, pourquoi n'accepteriez-vous point un peu de bonheur de la main de votre femme ? Je suis riche, très riche par vous : ne le serai-je donc jamais pour vous ? tenez, c'est moi qui vous supplie. (*Elle lui présente un écrit.*)

CHABERT, *après avoir lu.*

Vingt mille francs de rente !... la transaction de Me Derville !... (*Il le déchire.*) Non, rien ; je ne veux absolument rien ! Ah ! j'oubliais ; l'indigence a du crédit quelquefois, et pauvre mendiant je dois encore une vingtaine d'écus à ce charitable Me Derville; pour peu que cela vous sourie, j'attendrai cette somme de vous, madame la comtesse *Chabert*, chez moi, rue Saint-Jacques, n° 15, au cinquième... (*Il va pour sortir, puis revenant.*) Vous vous rappellerez cette adresse ?

LA COMTESSE.

Oui... rue Saint-Jacques, n° 15.

CHABERT, *avec des larmes.*

Et, maintenant, vivez tranquille sur la foi de ma parole : elle vaut mieux que le griffonnage de vos gens de loi !... Soyez heureuse, si vous le pouvez ! Le comte Chabert ne réclamera jamais son nom : ce n'est plus aujourd'hui qu'un misérable, un fou, un mendiant; né à la porte d'un hospice, j'irai mourir, au besoin, dans une chambre d'hôpital. — D'ici là, madame, je m'en vais me chercher un peu de place au soleil... Adieu !...

(*Il sort.*)

LA COMTESSE.

Parti !... parti !...

SCENE XIII.

LES MÊMES, LE COMTE FERRIÈRE.

LE COMTE.

Restez, colonel.

CHABERT, *irrité.*

Que voulez-vous, monsieur?

LE COMTE.

Je vous en prie... Madame, j'ai voulu me montrer une seconde fois généreux; en vous épargnant mes reproches je ne consulte que mon cœur; en enlevant nos enfans à vos dernières caresses j'ai consulté ma pitié... Ils sont partis.

LA COMTESSE, *pleurant.*

Mes pauvres enfans !... Ah ! monsieur !...

LE COMTE.

Recevez aussi mes adieux, madame !... Ah ! ce ne sont pas ceux qui pleurent qui souffrent le plus... Voyez, mes yeux sont secs... mais ce cœur... Oh ! ce cœur est brisé à jamais !

LA COMTESSE.

Pitié ! grâce !

FERRIÈRE.

Grâce ! pitié ! Oui, pour moi, pour moi seul... Adieu, madame la comtesse Chabert ! (*Il sort.*)

CHABERT.

Adieu, madame la comtesse Ferrière !

(*Elle tombe dans un fauteuil.*)

FIN.

www.ingramcontent.com/pod-product-compliance
Lightning Source LLC
Chambersburg PA
CBHW030101230526
45471CB00003B/1193